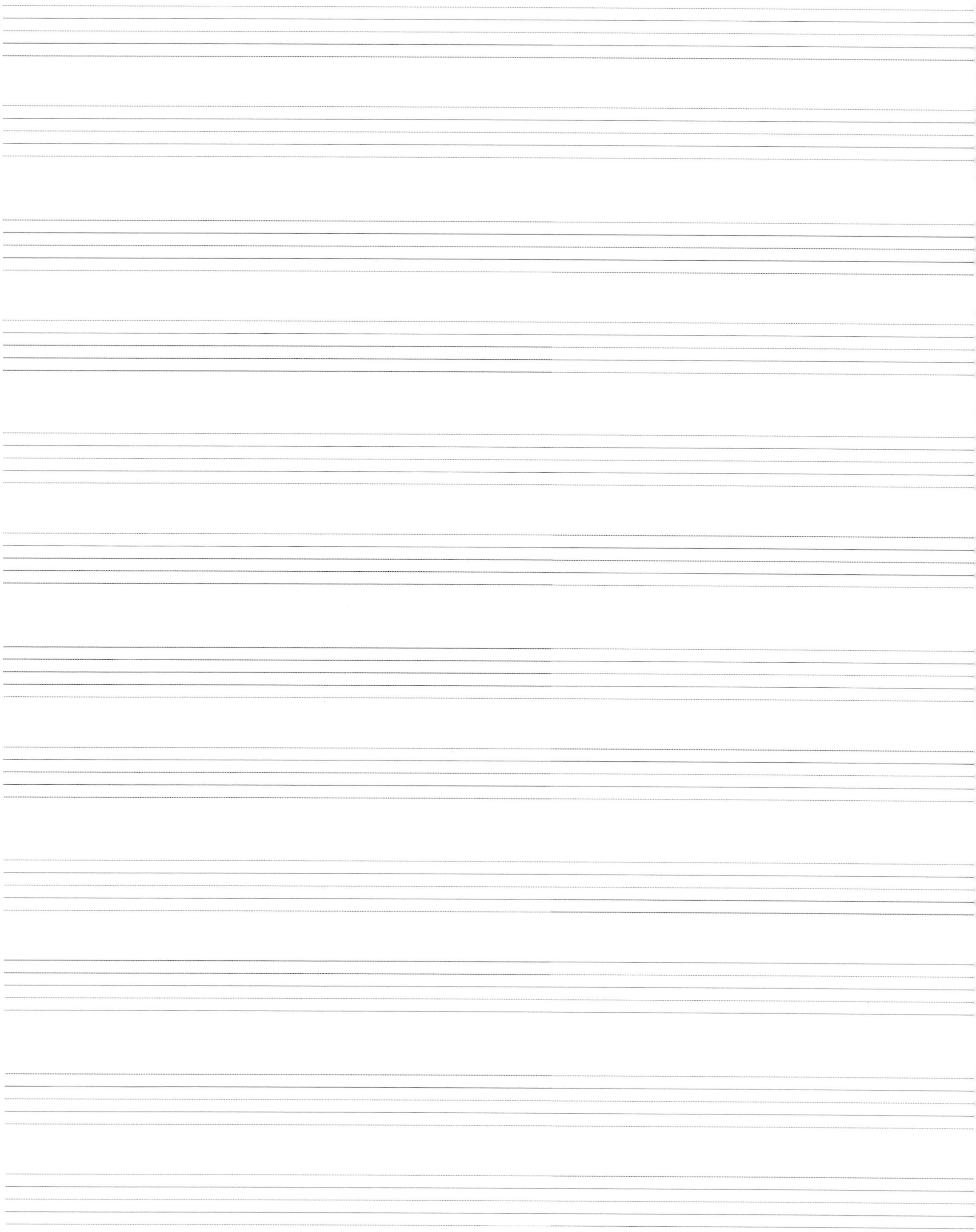

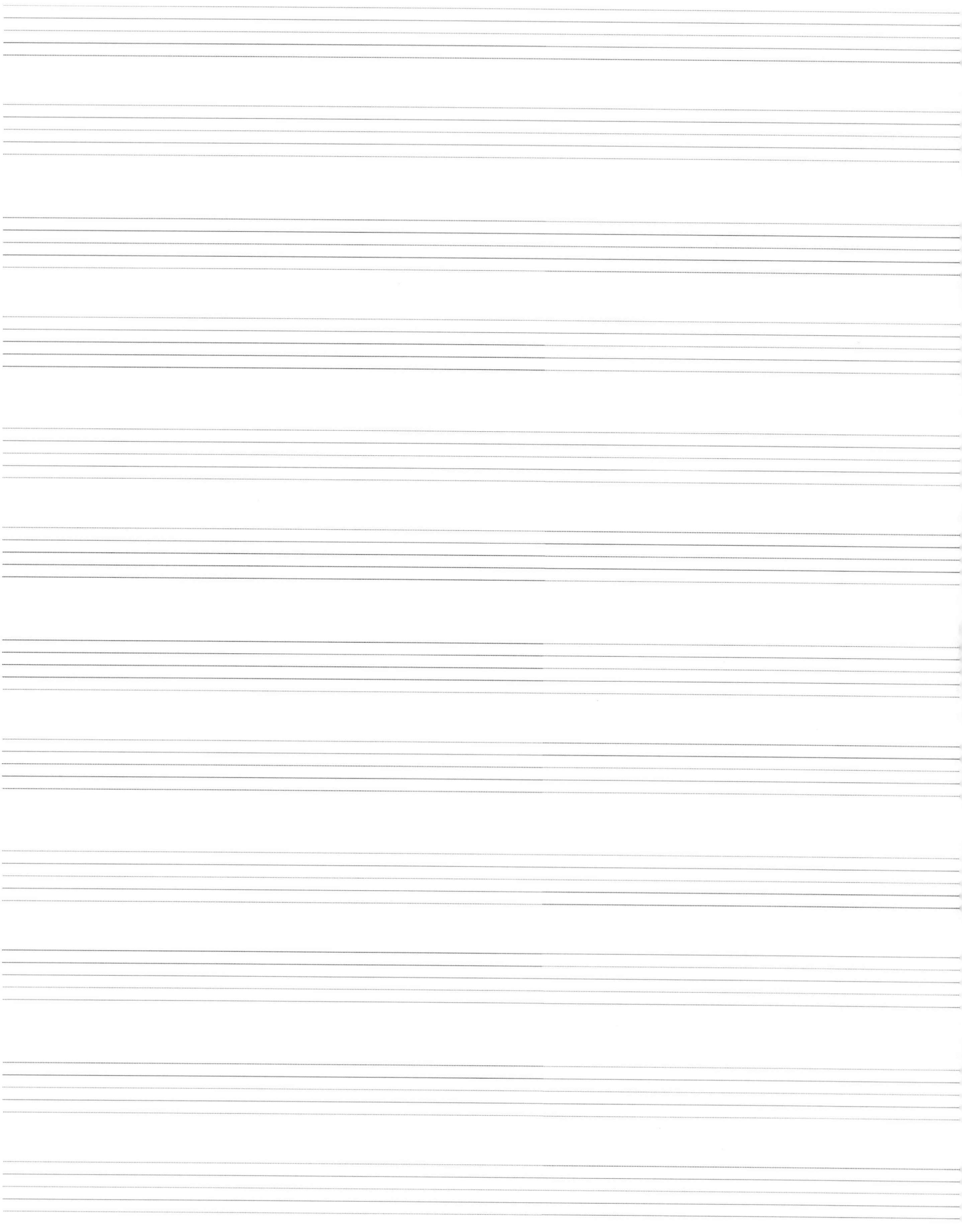

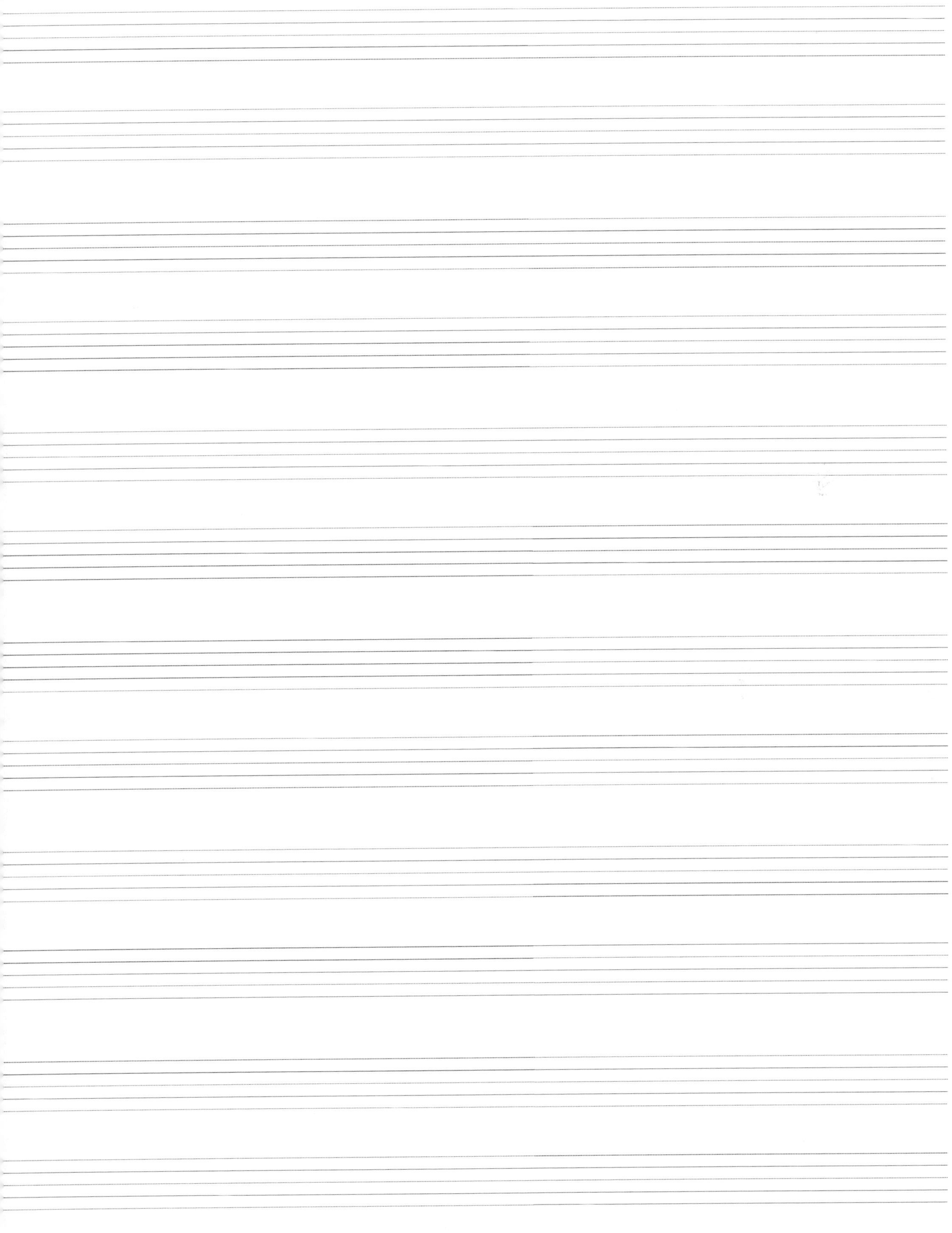

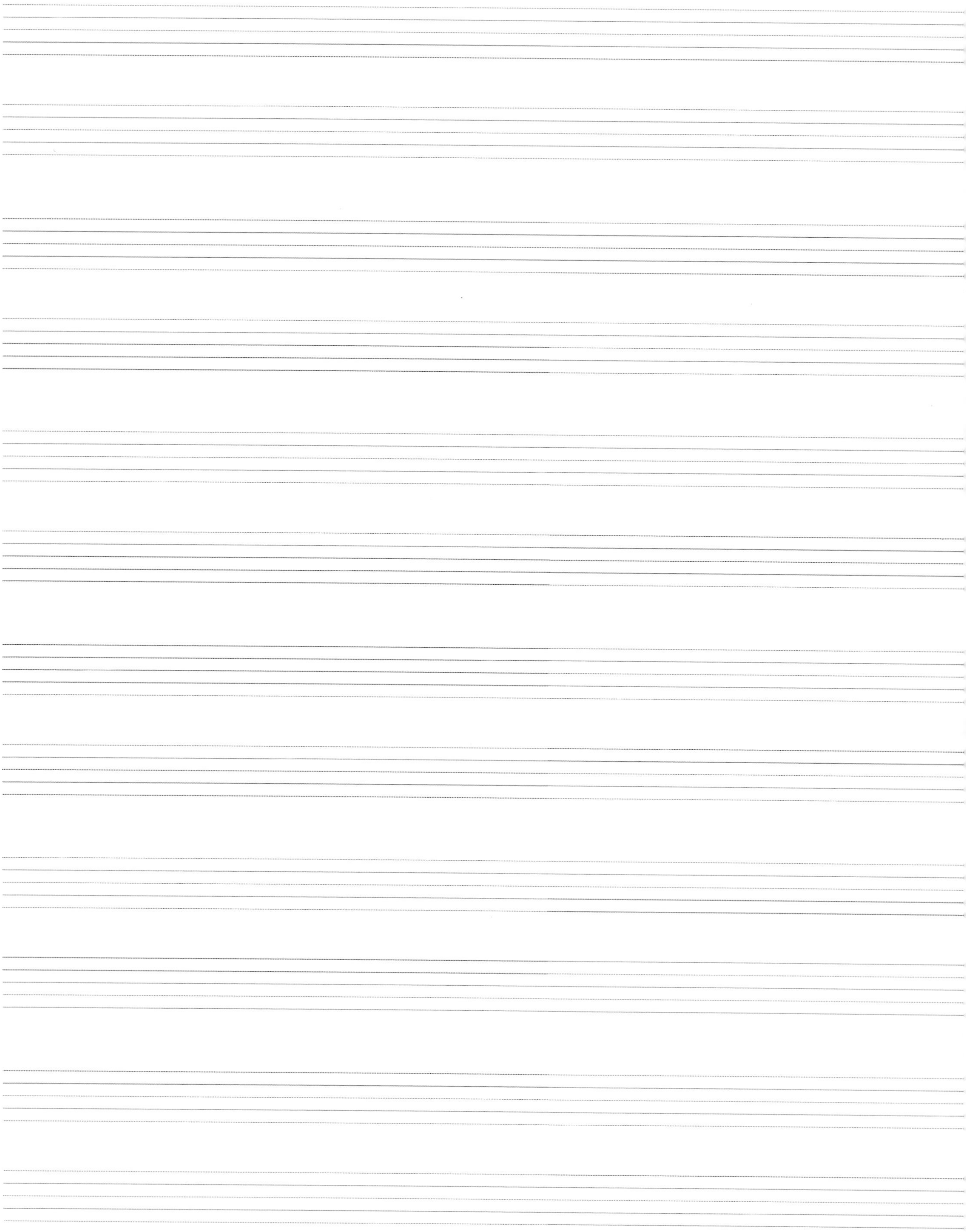

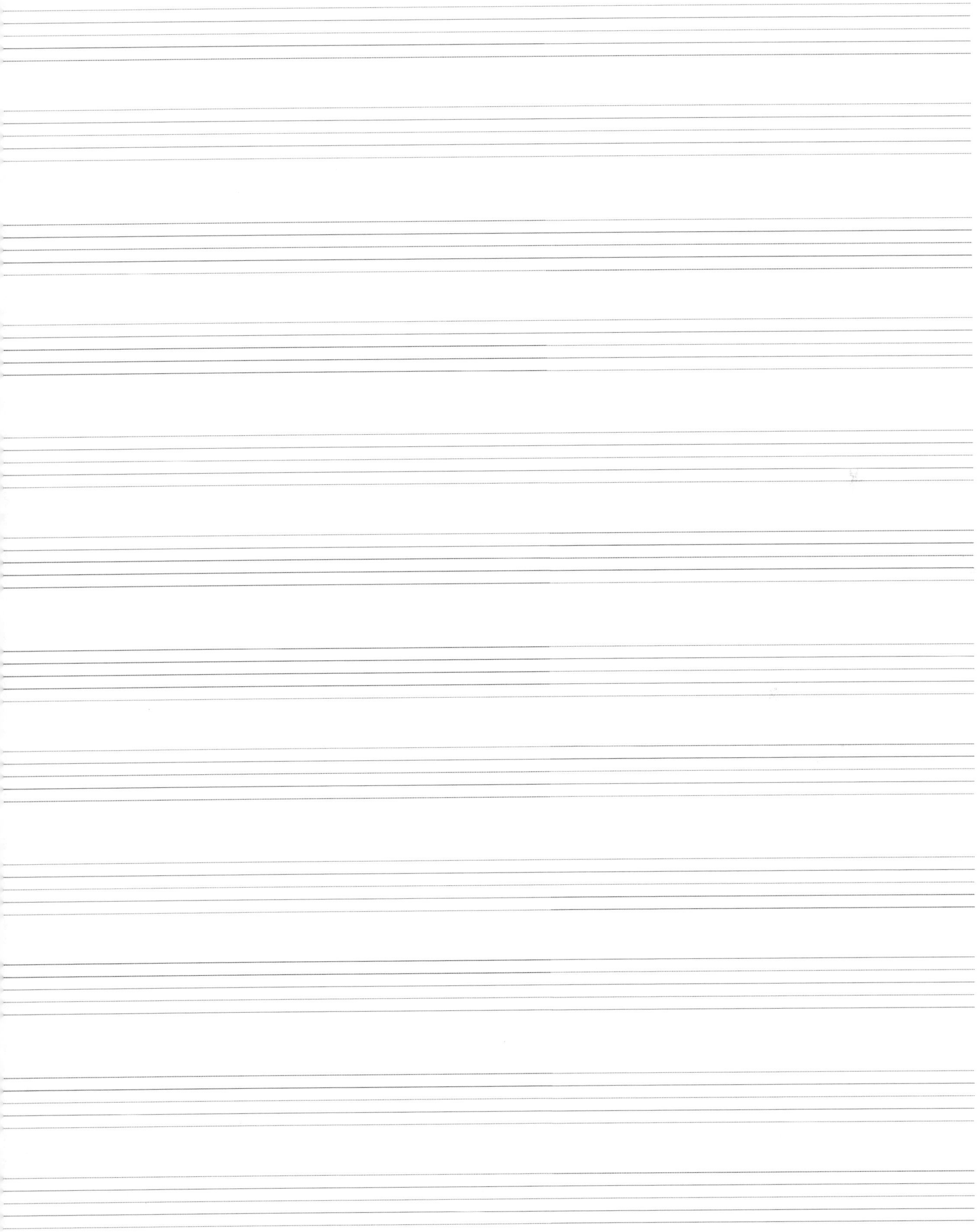

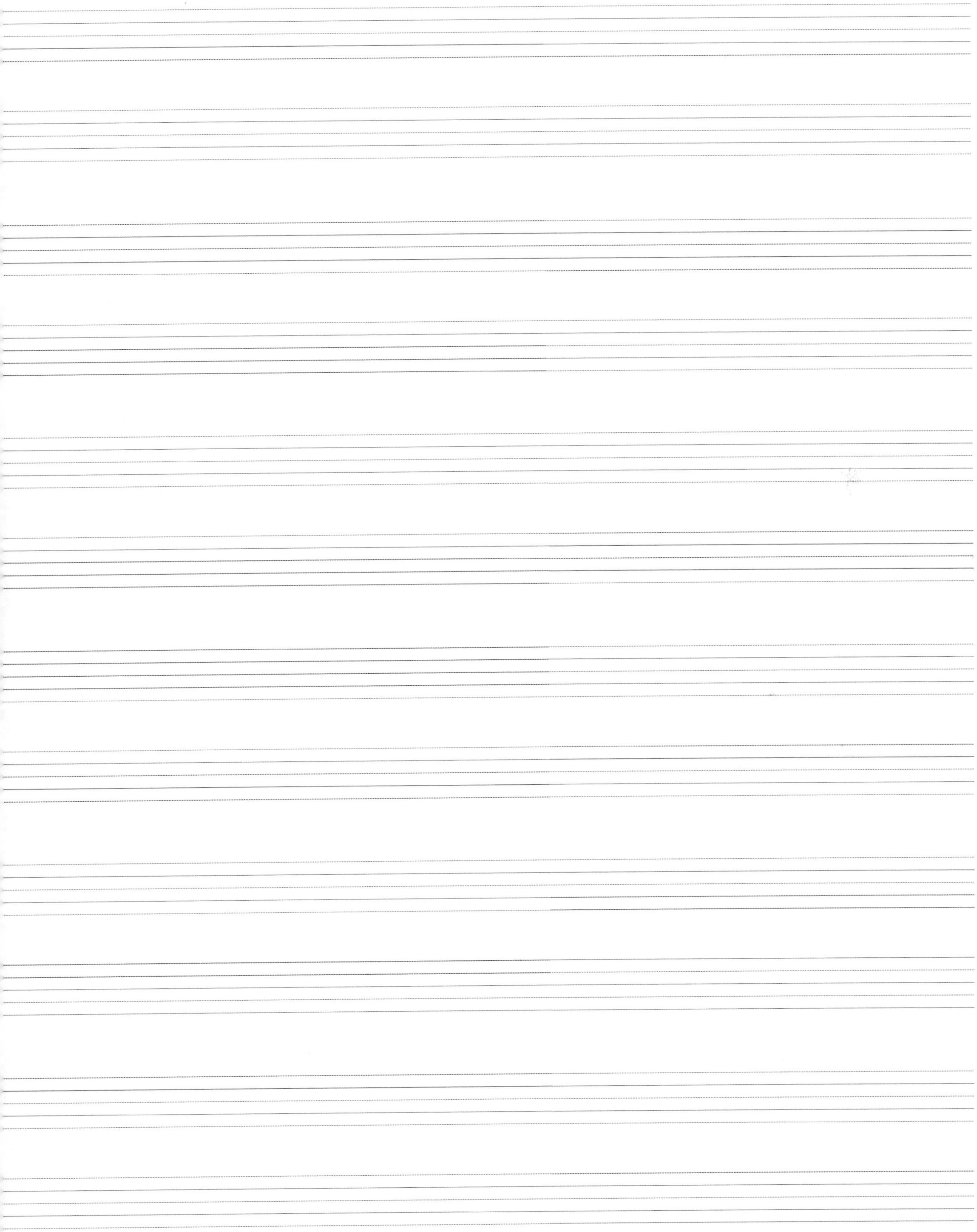

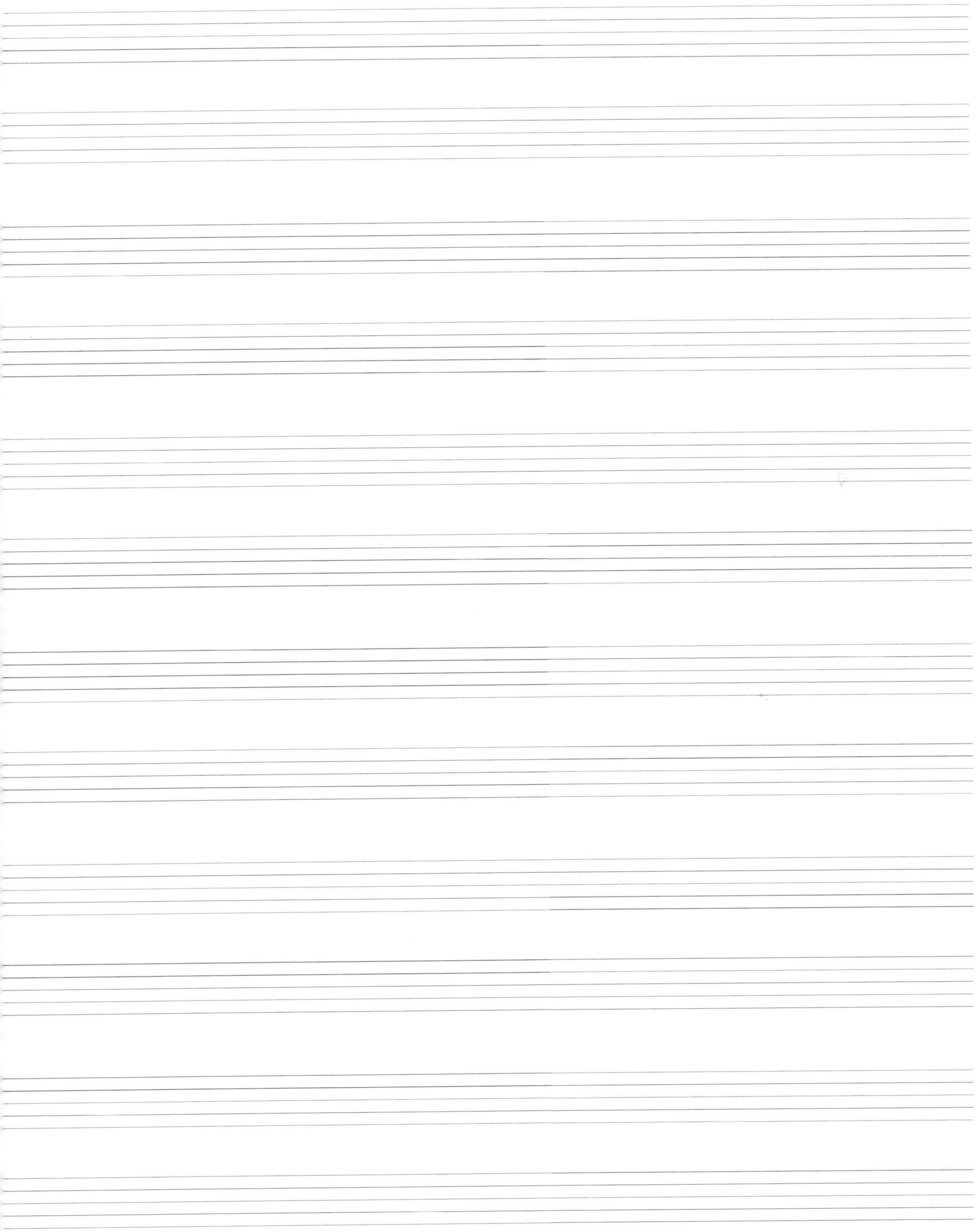

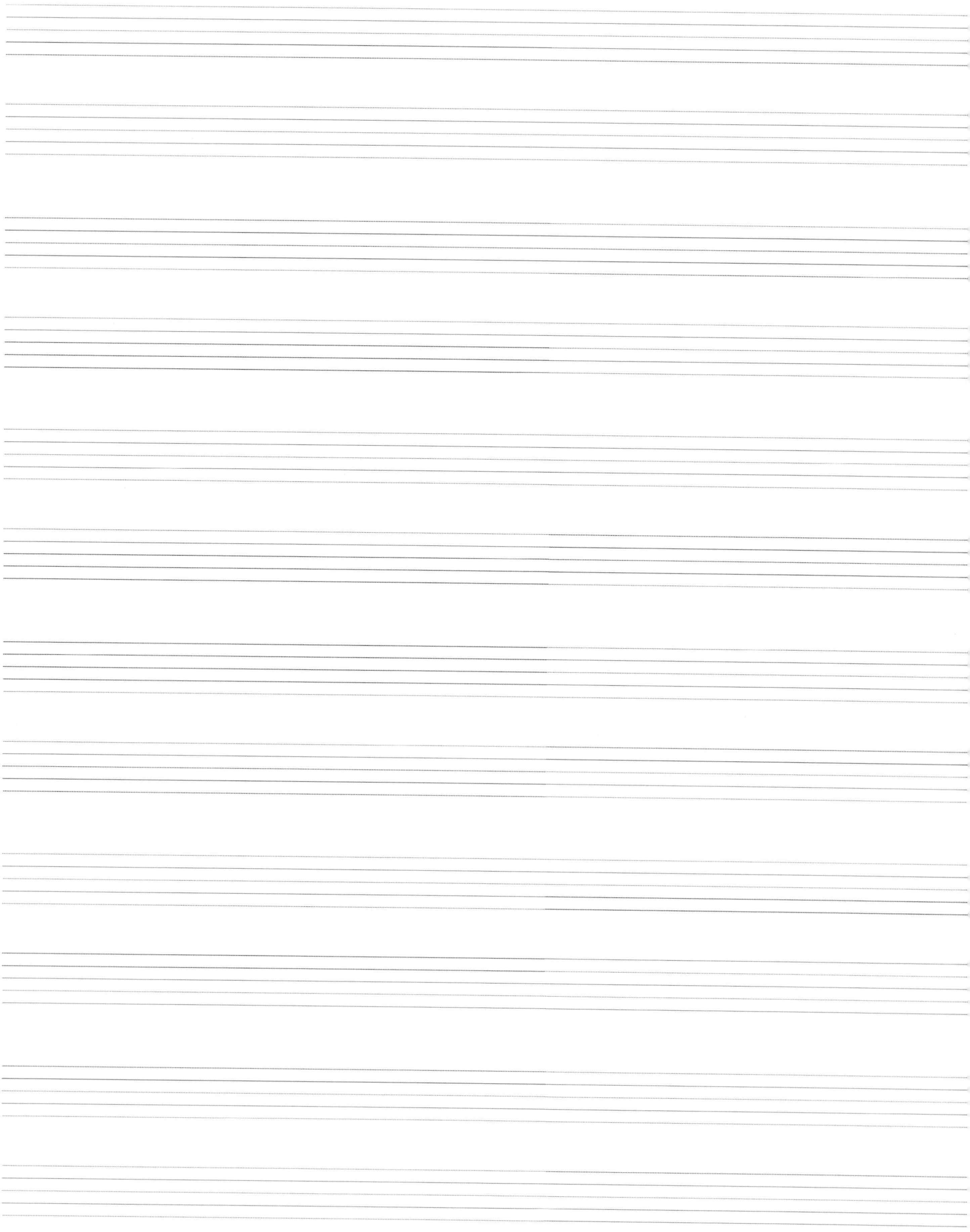

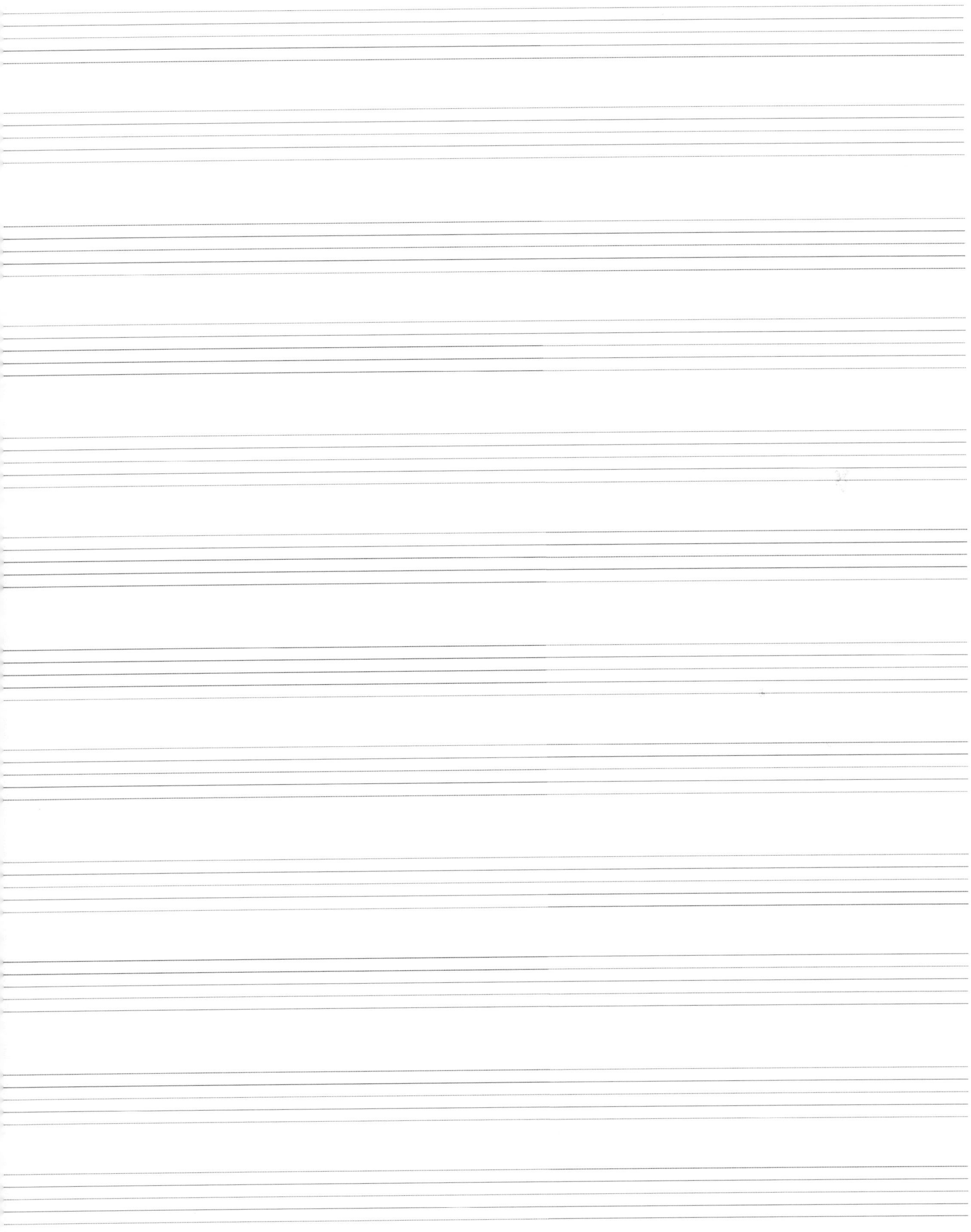

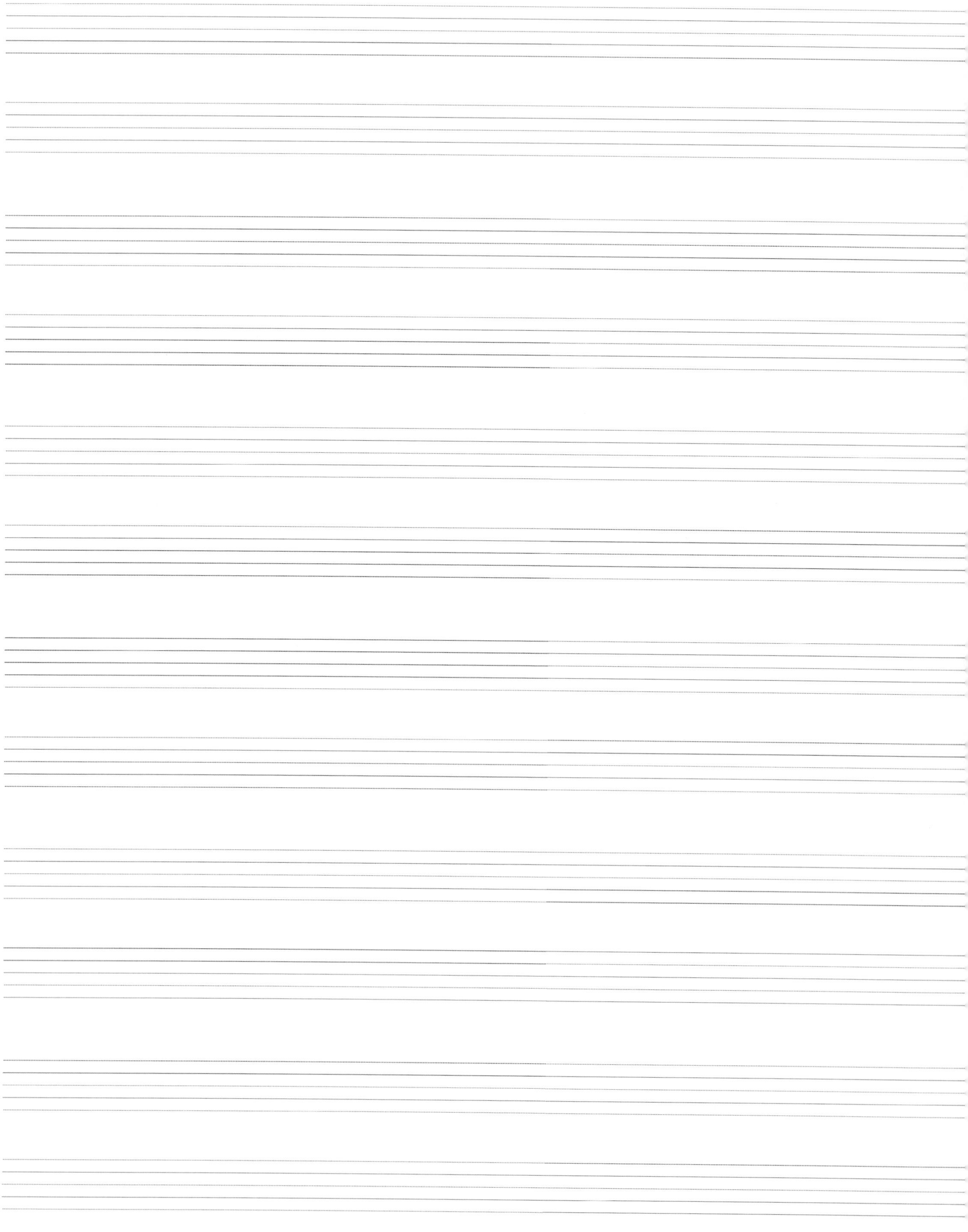

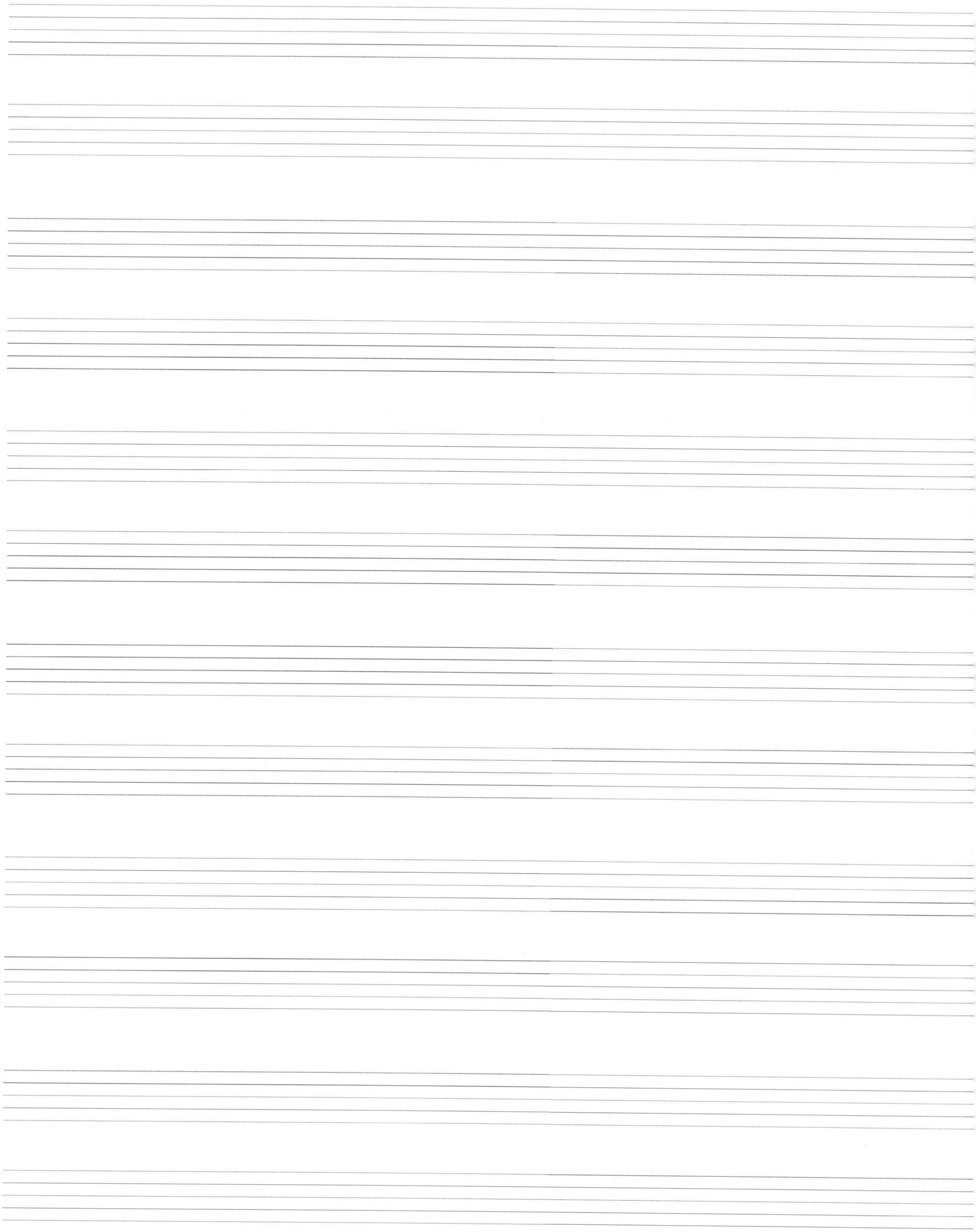

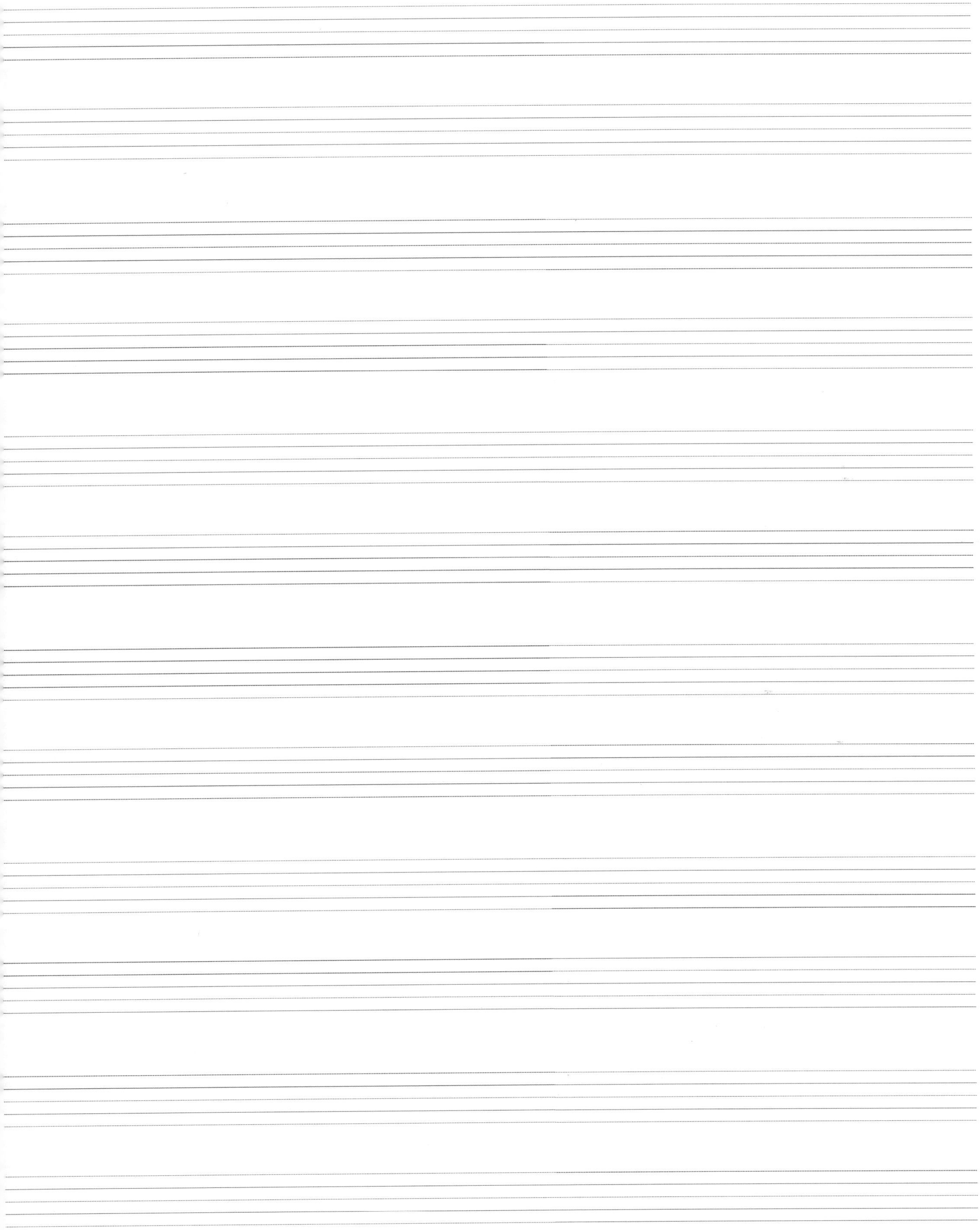

Made in the USA
Middletown, DE
26 September 2023

39348737R00068